Ejercicio en la oscuridad
An Exercise in the Darkness

Xánath Caraza

Pandora Lobo Estepario Productions Press
Chicago/Oaxaca

© 2021 Xánath Caraza, Text in Spanish
© 2021 Sandra Kingery, English translation
© 2021 Tudor Şerbănescu: Illustrations/ilustraciones
© 2021 Elizabeth Lara: Foreword / Prólogo
©2021 Pandora Lobo Estepario Productions™, publisher

All rights reserved. No part of this book may be reproduced in any manner without the express written consent of the Publisher, except in the case of brief excerpts in critical reviews or articles. All inquiries should be addressed to:
Pandora Lobo Estepario Productions™,
1239 N. Greenview Ave. Chicago, IL 60642

All rights reserved.
2021

Primera Edición / First Edition

ISBN 13—978-1-940856-43-8
ISBN 10—1-940856-43-4

Library of Congress Control Number: 2021931244

Traducido por: Sandra Kingery, Hanna Cherres, Joshua Cruz-Avila, Zachary L. Donoway, Angelina M. Fernandez, Luis Felipe Garcia Tamez, Nicholas A. Musto, Julia L. Nagle, Aaron Willsea, and Joshua H. Zinngrebe

Ilustraciones/Illustrations: Tudor Şerbănescu

La hoja de papel se llena
al ritmo del viento
al ritmo de mis dedos
en las teclas que dejan
marcados para el infinito
estos caracteres acústicos...

Blank sheet of paper is filled
to the rhythm of the wind
to the rhythm of my fingers
on the keyboard
these acoustic characters
infinitely leave their trace...

Índice

Prólogo por Elizabeth Lara   x

Nota de traductora por Sandra Kingery   xvi

I. Tierra fértil   2

Sinfonía	5
Sonido	7
Cae	9
En soledad	11
Mientras escribo	13
Tierra fértil	15
Corazón	17
El chinini	19
Respiración	21
Efímera sílaba	23
Se extiende en las manos	25
Esta mañana	27
Palabra que se crea	29
Subsuelo	31
Hortensias	33
El ojo de agua	35
Los devoran	37

II. Las planicies   38

Una luz verde	41
Donde se pinta la noche	43
El fondo lunar	45
Las rocas cantan	47
Entre cañaverales	49
Otro lugar	51
Corazón de jade	53
Entre las sílabas de su nombre	55
Agítense en su recuerdo	57
Con la fuerza del viento	59
Nocturna soledad	61
Púrpura	63

Las planicies	65
Espacios oníricos	67
Se entretejen con la piel	69
Sin aves	71
Los pájaros sin pies	73
En la faz de la luna	75
El vaivén del agua	77
Al otro lado de la ventana	79
Cálida luz en las gotas	81
Tornado de recuerdos	83
La pluma	85
La nieve de las praderas	87
Un plumaje azul	89
La luna de invierno	91
Las flores en el agua	93
Incrustada en el cielo	95
Las flamígeras nubes	97
Luz artificial	99

III. Puntuación aleatoria — 100

Se derraman en las miradas	103
Defienden sus raíces	105
Plácida corriente	107
Por el tiempo	109
Al otro lado del río	113
Ganarle a la oscuridad	115
En el jardín	117
Los arces	119
Agua de árbol	121
La hora azul	123
Ventanas de felicidad	125
La hora áurea	127
Los árboles hablan	129
Desde lo alto	131
La primavera	133
Frontera	135
Puntuación aleatoria	137
Refugios luminosos	139
De invierno a primavera	141

Index

Prologue by Elizabeth Lara   xii

Translator's Note by Sandra Kingery   xix

I.   Fertile Land   3

Symphony	5
Sound	7
It Falls	9
In Solitude	11
As I Write	13
Fertile Land	15
Heart	17
The Chinini Tree	19
Breath	21
Ephemeral Syllable	23
It Extends in My Hands	25
This Morning	27
Words that Are Created	29
Subsoil	31
Hydrangeas	33
The Natural Spring	35
They Devour Them	37

II.   The Great Plains   39

A Green Light	41
Where Night Is Painted	43
The Lunar Surface	45
The Rocks Sing	47
Through Reedbeds	49
Another Place	51
Hearts of Jade	53
Between the Syllables of Her Name	55
Rustle in Her Memory	57
With the Force of the Wind	59
Nocturnal Solitude	61
Purple	63

The Great Plains	65
Oneiric Spaces	67
They Intertwine with Our Skin	69
Without Birds	71
The Birds without Feet	73
On the Face of the Moon	75
The Movement of Water	77
On the Other Side of the Window	79
Warm Light on the Drops	81
Tornado of Memories	83
The Quill	85
Snow on the Prairie	87
Blue Plumage	89
The Winter Moon	91
Flowers in the Water	93
Embedded in the Sky	95
Fiery Clouds	97
Artificial Light	99

III.   Random Punctuation   101

Scattered in Our Gazes	103
They Defend Their Roots	105
Placid Current	107
From the Passage of Time	109
On the Other Side of the River	111
Defeating the Darkness	113
In the Garden	115
The Maple Trees	117
Water from the Tree	119
The Blue Hour	121
Windows of Joy	123
The Golden Hour	125
The Trees Speak	127
From Above	129
Spring	131
Frontier	133
Random Punctuation	135
Luminous Shelters	137
From Winter to Spring	139

Prólogo

En *Ejercicio en la oscuridad / An Exercise in the Darkness*, Xánath Caraza nos ha dado poemas que vibran en la página. La tinta de la escritora, empapada con una palpitante fuerza vital, es apenas contenida por los espacios en blanco que la rodean. La naturaleza la envuelve, le habla a ésta y habla a través de ella. El color, la luz y el sonido se enfrentan uno al otro. El mundo se desplaza entre la oscuridad y la luz, entre los paisajes internos y externos: cielos grises sobre lagos resplandecientes; un dragón azul en la faz de la luna; aves devorando sus miedos.

Cada uno de los 66 poemas en este volumen es dual en naturaleza: primero nos encontramos con un poema en prosa, seguido por un muy breve poema de no más de seis líneas cortas. En el poema en prosa algunas palabras y frases están resaltadas en negritas; éstas se convierten en el texto del poema corto que sigue. El poema corto—a veces sólo una palabra—habla al subtexto de la prosa; lo puede cristalizar, complementar o confrontar. Por ejemplo en el poema, "Se extiende en las manos / It Extends in My Hands", la poeta dirigió su mirada al amanecer. Su sueño—"sueño que abrazo en la claridad / a tranquil dream I embrace in the early morning sun"—está desapareciendo y las aves ahora están silentes. Mágicamente, la áurea luz del amanecer fluye en sus manos. Y aún estas cuatro líneas cortas siguen al texto:

Llena
refleja
la noche
a mi alrededor

Esto es misterioso: a pesar de la luz brillante del día que amanece, encontramos a la escritora en la oscuridad; la noche está incrustada en el texto anterior.

El libro está dividido en tres secciones que nacen de tres espacios geográficos en los que la autora ha vivido: Tierra fértil / Fertile Land (México); Las Planicies / The Great Plains (Kansas) y Puntuación aleatoria / Random Punctuation (Vermont). Al repasar todos los poemas encontramos el enraizamiento de la autora en la naturaleza: cuando Caraza abre una ventana a su proceso creativo, planta sus palabras en la tierra; cuando se siente sola o con el corazón roto, imagina la luna extendiendo una mano o visualiza la pasión del agua al golpear las rocas.

En la primera sección, experimentamos con ella el sonido de la lluvia, las aves que cantan al amanecer, las hojas de plátano que enmarcan su vista. Desde las palabras que abren su primer poema, "La sinfonía de este bosque me envuelve / The Symphony of this forest engulfs me", Caraza sumerge al lector en la oscuridad desde donde ella escribe, donde los silencios subyacentes son tan profundos que podemos oír nuestra propia respiración, donde las aves, las ranas, los grillos y peces croan o trinan, cantan o se arremolinan con un acompañamiento salvaje a sus cantos. Los sonidos juntos crean un coro, inclusive las gotas de lluvia son instrumentos musicales. En "Sonido / Sound", escribe: "... cada gota se distingue, nos dice el grosor, la rugosidad, la textura de las hojas ... / "... every waterdrop is distinguishable, it tells us the thickness, the roughness, the texture of the leaves ...". El agua de un pozo se transforma en tinta azul y entonces se convierte en un recuerdo de hortensias en un sendero a la montaña. El agua está por todas partes en esta colección; las aguas sulfurosas en "Ojo de agua / The Natural Spring" es la fuerza vital, su amante: "...Agua hirviente, me derrito en tus brazos. / ... boiling water, I melt in your arms."

Las Planicies / The Great Plains, la segunda sección del libro, evoca las voces de los ancestros y el mundo de los sueños. Aquí en una región donde con frecuencia falta el agua, el agua abunda—lluvia, nieve y niebla; ríos y mares; lágrimas. Figuras míticas nacen de la tierra: en "Otro lugar / Another Place", un coro de mujeres surge de "las pulsaciones de barro / the pulsations of mud". Caraza escribe de una figura-diosa, cuyo corazón de jade atemoriza a sus amantes, donde sólo el fuego se atreve a besarla, "Se llamaba agua y entre las sílabas de su nombre ululaba el viento / She called herself water, and the wind howled between the syllables of her name". La autora frecuentemente reflexiona en el proceso de escritura y la conexión entre escribir y leer. En

"Tornado de recuerdos / Tornado of Memories", la poeta abre un libro de poemas que despierta sus recuerdos más profundos. Mientras lee, lo que más le llama la atención son las letras en las páginas; ve lo blanco del papel como un mero manto enredado entre éstas. En "La pluma / The Quill", la tinta es una planta cuyas raíces se hunden en el papel. La pluma de la poeta y el papel son instrumentos que usará para escribir un nuevo paisaje.

Inmediatamente, en cuanto abre la sección III, hay un cambio de luz, estableciendo un paralelismo con la transición de invierno a primavera. Caraza comienza con una escena de la calle; flores azules están repartidas por todos lados "hasta llenar las calles de minúsculas corolas que ahoguen la tristeza / until the streets are filled with miniscule corollas that drown our sorrow". Aun cuando confronta la ineluctabilidad de la muerte ("Por el tiempo / From the Passage of Time"), en el poema que sigue ella responde con su contrapunto: "El río calma los demonios. Su corriente hace fluir la ilusión. / The river calms the demons. Its current makes illusions flow." Una y otra vez sus poemas se llaman uno al otro a través de las páginas. En un poema los árboles de maple "sollozan al perder su traslúcida sangre para la humanidad / weep as their translucent blood is drained for humanity", y en el siguiente, la poeta misma bebe el "agua del árbol del norte / water from the tree of the north", una experiencia tan erótica que le pide "Fluye en mí, préñame / Flow within me, impregnate me". Con el poema "Vetanas de felicidad / Windows of Joy" la escritora ha llegado completamente a la luz. Los poemas están llenos de sonidos y colores, desde el estruendo del trueno hasta el índigo de la noche en el cielo. Todavía el amor permanece elusivo; la llama, aún parece desvanecerse, una vez más, con el sonido de un tren en marcha. En el poema final, "De invierno a primavera / From Winter to Spring", Caraza escribe un recordatorio final sobre el poder de las palabras al pedirle a la poesía "... rasga las páginas. Brota del subsuelo de este libro que de la oscuridad nace / "... rend the pages. Sprout from the subsoil of this book that is born of the darkness".

Mientras la estructura del libro, con un poema en prosa seguido de un poema corto, evoca el haibun y el uso de la repetición de palabras engancha al lector tanto como en la sestina, las formas de Caraza son completamente originales. Una forma para proceder a través del libro es moverse de manera linear, leer cada par de poemas juntos. Y, es posible, por supuesto, leer sólo la prosa. Sin embargo la autora diseñó los dos elementos de los poemas para ser independientes uno del otro, por lo tanto una lectura de los poemas cortos, compuestos únicamente por las palabras en negritas, ofrece por completo un nuevo texto.

Si hubiera alguna palabra que resumiera esta colección, sería "misterio". Caraza escribe desde dentro del vórtice. Sus palabras crepitan con electricidad. En cualquier orden que los poemas sean leídos, ya sea que su corazón esté roto o su aliento disuelva el hielo, cuentan una historia cautivadora. Para la poeta, las sílabas, las letras y las palabras están empapadas de la experiencia de vida, no sólo de seres humanos sino de los árboles, las flores, los ríos, el cielo. El lenguaje de la naturaleza y del cuerpo—el cuerpo de la escritora, en particular—están entretejidos. Mientras Caraza ha invitado al lector a acompañarla en su viaje a través de la oscuridad, no ha olvidado el poder de la luz.

Elizabeth Lara
Silver Spring, Maryland
June 26, 2020

Prologue

In *An Exercise in the Darkness / Ejercicio en la oscuridad*, Xánath Caraza has given us poems that vibrate on the page. The writer's ink, imbued with a throbbing life force, is barely contained by the white spaces that surround it. Nature envelopes her, speaks to and through her. Color, light, and sound play against each other. The world shifts between dark and light, between internal and external landscapes: gray skies over shimmering lakes; a blue dragon on the face of the moon; birds devouring her fears.

Each of the 66 poems in this volume is dual in nature: first we encounter a poem in prose, followed by a very brief poem of no more than six short lines. In the prose poem, certain words and phrases are highlighted in bold; these become the text of the short poem that follows. The short poem – sometimes only one word – speaks to the subtext of the prose; it may crystallize, complement, or confront it. For example, in the poem, "Se extiende en las manos / It Extends in My Hands," the poet turns her eyes toward the sunrise. Her dream – "a tranquil dream I embrace in the early morning sun / sueño que abrazo en la claridad" – is fading, and the birds are now silent. Magically, the golden light of dawn flows from her hands. And yet, these four short lines follow:

It fills
and reflects
the night
around me

This is mysterious: despite the bright light of the dawning day, we find the writer in darkness; night is embedded in the preceding text.

The book is divided into three sections, arising from three geographical spaces that the author has inhabited: Fertile Land / Tierra fértil (Mexico); The Great Plains / Las planicies (Kansas); and Random Punctuation / Puntuación aleatoria (Vermont). Running through all the poems is the author's rootedness in nature: when Caraza opens a window on her creative process, she plants her words in the soil of the earth; when lonely or broken-hearted, she imagines the moon extending a hand, or envisions the passion of water as it strikes the rocks.

In the first section, we experience with her the sound of the rain, birds singing at dawn, the plantain leaves that frame her view. From the opening words of her first poem, "The symphony of this forest engulfs me / La sinfonía de este bosque me envuelve", Caraza plunges the reader into the darkness from which she writes, where the underlying silences are so profound that we can hear our own breathing, where birds, frogs, crickets, and fish croak or chirp, sing or swirl in a wild accompaniment to her songs. Together the sounds make a chorus; even the raindrops are musical instruments. In "Sound / Sonido", she writes: "... every waterdrop is distinguishable, it tells us the thickness, the roughness, the texture of the leaves ... / ... cada gota se distingue, nos dice el grosor, la rugosidad, la textura de las hojas ...". Water from a well shape-shifts into blue ink, and then becomes a memory of hydrangeas on a mountain path. Water is everywhere throughout the collection; the sulfurous water in "The Natural Spring / Ojo de agua" is the life force, her lover: "... boiling water, I melt in your arms. /... Agua hirviente, me derrito en tus brazos".

The Great Plains / Las planicies, the second section of the book, evokes the voices of the ancestors and the world of dreams. Here, in a region that often lacks for water, water abounds – rain, snow, and fog; rivers and seas; tears. Mythic figures are born out of the earth: in "Another Place / Otro lugar", a chorus of women arises from "the pulsations of mud / las pulsaciones de barro". Of a goddess-like figure whose heart of jade so frightens her lovers that only fire dares to kiss her, Caraza writes, "She called herself water, and the wind howled between the syllables of her name / Se llamaba agua y entre las sílabas de su nombre ululaba el viento". The author frequently reflects on the writing process and the interplay between writing and reading. In "Tornado of Memories / Tornado de recuerdos", the poet opens a book of poems that awaken her deepest memories. As she reads, what strikes her most are the letters on its pages; she sees the white of the paper as merely a cloak tangled among them. In "The Quill / La pluma", the ink is a plant whose roots sink into the paper. The poet's pen and paper are instruments she will use to write a new landscape.

Immediately, as section III opens, there is a change in the light, paralleling the transition from winter to spring. Caraza begins with a street scene; blue flowers are scattered everywhere "until the streets are filled with miniscule corollas that drown our sorrow / hasta llenar las calles de minúsculas corolas que ahoguen la tristeza". Even as she faces the inevitability of death ("From the Passage of Time / Por el tiempo"), in the poem that follows she responds with its counterpoint: "The river calms the demons. Its current makes illusions flow. / El río calma los demonios. Su corriente hace fluir la ilusión." Again and again, her poems call to each other across the pages. In one poem the maple trees "weep as their translucent blood is drained for humanity / sollozan al perder su translúcida sangre para la humanidad", and in the next the poet herself drinks of the "water from the tree of the north / agua del árbol del norte", an experience so erotic that she urges it to "Flow within me, impregnate me / Fluye en mí, préñame". With the poem "Windows of Joy / Ventanas de felicidad" the writer has now fully come into the light. The poems are full of sounds and colors, from the rumble of thunder to the indigo night sky. Still, love remains elusive; it calls her name, yet with the sound of a train departing it seems to vanish once again. In the final poem, "From Winter to Spring / De invierno a primavera", Caraza pens a final reminder of the power of words, commanding her poetry to "… rend the pages. Sprout from the subsoil of this book that is born of the darkness / … rasga las páginas. Brota del subsuelo de este libro que de la oscuridad nace".

While the book's structure, with the prose poem followed by a short poem, evokes the haibun, and the use of repeated words engages the reader much like a sestina, Caraza's forms are completely original. One way to proceed through the book is to move in linear fashion, reading each pair of poems together. And it's possible, of course, to read only the prose. Nevertheless, the author designed the two elements of the poems to be independent of each other, so a reading of the short poems, composed of only the words in bold, offers an entirely new text.

If there were any one word to sum up this collection, it would be "mystery". Caraza writes from within the vortex. Her words literally crackle with electricity. In whatever order the poems are read, whether it is her heart that is breaking or her breath melting the ice, they tell a compelling story. For the poet, syllables, letters, and words are embedded in the lived experience, not just of human beings but of trees, flowers, rivers, the sky. The language of nature and the human body – the writer's body, in particular – are intertwined. While Caraza has invited the reader to accompany her on her journey through the darkness, she has not forgotten about the power of the light.

Elizabeth Lara
Silver Spring, Maryland
June 26, 2020

Nota de traductora para *Ejercicio en la oscuridad*

Xánath Caraza creó este libro como un ejercicio en la oscuridad literal. Siempre interesada en explorar nuevos estilos y técnicas, Xánath Caraza decidió escribir la mayor parte de este libro a mano mientras visitaba a su familia en México. Se levantaba tan temprano en la mañana a escribir que aún estaba oscuro, y muchas veces no había electricidad. Las tres secciones del texto celebran tres partes del mundo donde ella ha vivido: la "Tierra fértil" de México, las "Planicies", que reflejan su actual casa en Kansas City, y la "Puntuación aleatoria" que los pájaros creaban en el cielo cuando vivió en Vermont.

En cada uno de estos lugares, la voz poética celebra la naturaleza y la poesía. Eventualmente la sinfonía del bosque con la cual empezamos esta colección concluye con la tinta del verso escrito, mientras la poesía es obligada a "rasgar las páginas. Brota del subsuelo de este libro que de la oscuridad nace." La naturaleza cubre esta poesía que crece hacia la luz.

Los nueve estudiantes en mi clase de Traducción Literaria, Español 426, en Lycoming College (Hanna Cherres, Joshua Cruz-Avila, Zachary L. Donoway, Angelina M. Fernandez, Luis Felipe Garcia Tamez, Nicholas A. Musto, Julia L. Nagle, Aaron Willsea y Joshua H. Zinngrebe) tradujeron este libro conmigo a lo largo del curso del Semestre de Primavera de 2020. Cinco de los estudiantes habían estado en una clase previa donde tradujimos *Corta la piel* de Xánath Caraza; los otros cuatro eran nuevos en la clase de traducción conmigo. Cada uno trajo su perspectiva personal a esta muy especial colección; encontrar una voz unificadora como resultado final fue uno de nuestros más grandes retos.

Ya que los textos en *Ejercicio en la oscuridad* son cortos, los estudiantes pudieron trabajar en cada borrador de cada uno de estos 66 poemas en prosa.

	GRUPO AZUL	GRUPO VERDE	GRUPO MORADO
GRUPO A	Luis	Aaron	Nick
GRUPO B	Julia	Josh C.	Angelina
GRUPO C	Zack	Joshua Z.	Hanna

Después de traducir una serie de poemas de tarea, los estudiantes se reunieron en los grupos con letras del "Alfabeto" para comparar sus traducciones y elaborar un segundo borrador colectivo. En la clase del siguiente período, los grupos de "colores" compararon esos segundos borradores para crear un tercer borrador; y así sucesivamente. El libro acabó siendo hermoso al tiempo que un desafiante rompecabezas de traducción. Lo más intrigante de todo fueron los pequeños *poemitas* que siguen a cada uno de los poemas en prosa más largos. Por las diferencias inherentes en el orden de las palabras en inglés y español, mis estudiantes y yo nos dimos cuenta de que a veces era necesario cambiar el orden de las líneas en el *poemita* para que hiciera sentido en inglés, y para hacer eso, también necesitamos cambiar el orden del poema en prosa más largo. Por ejemplo, en "Sin aves", en el *poemita* se lee: "Acompaña / los siglos / la profundidad". El verbo en singular en español pone en claro que "la profundidad" es el sujeto. Por otro lado, en inglés, esperamos que el sujeto esté al principio de la oración, entonces si dejáramos el sujeto al final, el *poemita* no parecería tener sentido. Al cambiar el sujeto al principio ("Profundity / accompanies / the centuries") nos exigió cambiar lo que originalmente era la cuarta oración en el poema en prosa al principio. Afortunadamente estos textos son lo suficientemente fluidos para permitir este tipo de movilidad.

Algunos de nuestros más grandes retos en la interpretación de estos textos se relacionaron con la necesidad de especificar los pronombres posesivos en inglés, mientras que el español permite una gran ambigüedad en este sentido. Por ejemplo, en el poema "Se entretejen con la piel", tuvimos que decidir si nuestra traducción del título retendría el genérico "the skin" o si debería especificar "her skin", "my skin" o "our skin". A pesar de que la mayor parte del tiempo escogemos la primera persona del singular, en este caso, decidimos ampliar el espectro, en la creencia de que los deseos se entretejen con la piel de todos nosotros.

Porque estos textos cortos son tan poéticos, fue imperativo tratar de capturar la fluidez de los textos de Xánath, los ecos de las palabras que reaparecen a lo largo del libro, las aliteraciones y las rimas internas y personificación. Mientras creo que, en general, tuvimos éxito, no pudimos elaborar un juego de palabras para recrear los dos significados de "copa" en "El chinini", donde la "copa" [canopy] del árbol mágicamente se transforma en una "copa" [wineglass] en la mesa. Sería negligente no mencionar los retos a los que se confrontaron los estudiantes mientras finalizábamos este libro en la Primavera de 2020 cuando la pandemia global hizo imposible las clases en persona. Afortunadamente, todos, los nueve estudiantes, pudieron continuar reuniéndose sincrónicamente a través de video conferencias. Es más, pudieron trabajar en sus grupos independientes a través de las sesiones de Zoom y pudieron compartir sus pantallas y editar los poemas juntos de esa forma. Su dedicación a este proyecto en medio de todo lo que estaba pasando fue admirable, y pienso que, para muchos de ellos, ser capaces de resolver los bellos textos de Xánath les proveyó de alivio de un mundo que estaba lleno de niveles de estrés e incertidumbre no vistos antes.

Ofrezco mi más profunda apreciación a cada uno de ellos por su arduo trabajo, a Tudor Şerbănescu por las increíbles traducciones visuales de estos textos, y por supuesto, a la incomparable Xánath Caraza por permitirnos acompañarla en este viaje desde la oscuridad a la luz.

—Sandra Kingery

Translator's Note for *An Exercise in the Darkness*

Xánath Caraza created this book as a literal exercise in the darkness. Always interested in exploring new styles and new techniques, Xánath decided to write much of this book by hand while she was visiting family in Mexico. She would get up so early in the morning to write that it was still dark out, and there was often no electricity. The three sections of the text celebrate three parts in the world where she has lived: the "Fertile Land" of Mexico, the "Great Plains," reflecting her current home in Kansas City, and the "Random Punctuation" that birds created in the sky when she lived in Vermont.

In each of these locations, the poetic voice celebrates nature and poetry. Eventually, the symphony of the forest with which we begin this collection concludes with the ink of the written verses, while poetry is commanded to "rend the pages. Sprout from the subsoil of this book that is born of the darkness." Nature suffuses this poetry that grows into the light.

The nine students in my Spanish 426 Literary Translation class at Lycoming College (Hanna Cherres, Joshua Cruz-Avila, Zachary L. Donoway, Angelina M. Fernandez, Luis Felipe Garcia Tamez, Nicholas A. Musto, Julia L. Nagle, Aaron Willsea, and Joshua H. Zinngrebe) translated this book with me over the course of the Spring 2020 semester. Five of the students had been in a previous class where we translated Xánath Caraza's *It Pierces the Skin*; the other four were new to translating with me. Each of them brought his or her own personal perspective to this very personal collection; finding a unified voice for the final product was one of our greatest challenges.

Since the texts in *An Exercise in the Darkness* are short, students were able to work on every draft of each of these 66 prose poems.

	BLUE GROUP	GREEN GROUP	PURPLE GROUP
GROUP A	Luis	Aaron	Nick
GROUP B	Julia	Josh C.	Angelina
GROUP C	Zack	Joshua Z.	Hanna

After translating a series of poems for homework, students would meet in the "alphabet" groups to compare their translations and come up with a joint second draft. In the next class period, the "color" groups would compare those second drafts to create a third draft. And so on.

The book ended up being a beautiful, but challenging translation puzzle. Most intriguing of all were the small *poemitas* that follow each of the longer prose poems. Because of the differences inherent to English and Spanish word order, my students and I found that it was sometimes necessary to change the order of the lines in the *poemita* so it would make sense in English, and to do that, we also needed to change the order of the longer prose poem. For example, in "Without Birds," the *poemita* reads: "Acompaña / los siglos / la profundidad." The singular verb in Spanish makes it clear that "la profundidad" is the subject. In English, on the other hand, we expect the subject to be at the beginning of the sentence, so if we were to leave the subject at the end, the *poemita* would not seem to make sense. Moving the subject to the beginning ("Profundity / accompanies / the centuries") required us to move what was originally the fourth sentence in the prose poem to the beginning. Luckily, these texts are fluid enough that they allow for this type of mobility.

Some of our greatest challenges in interpreting these texts related to the need to specify possessive pronouns in English, while Spanish allows for greater ambiguity in this sense. For example, in the poem "Se entretejen con la piel," we had to decide whether our translation of the title would retain the generic "the skin" or whether it should specify "her skin," "my skin," or "our skin." Although we most often chose the first person singular, in this case, we chose to broaden the scope, believing that desires intertwine with the skin of all of us.

Because these short texts are so poetic, it was imperative to try to capture the fluidity of Xánath's texts, the echoes of words that reappear throughout the book, the alliterations and internal rhymes and personification. While I think we were generally successful, we weren't able to come up with a play on words to recreate the two meanings of "copa" in "El Chinini," where the "copa" [canopy] of the tree magically transforms into a "copa" [wineglass] on a table.

I would be remiss if I failed to mention the challenges students confronted while finalizing this book in Spring 2020 when the global pandemic made face-to-face classes impossible.

Fortunately, all nine of the students were able to continue meeting together synchronously through videoconferencing. They were still able to work in their separate groups through Zoom sessions, and they were able to share their screens and edit the poems together in that way. Their dedication to this project in the midst of everything that was going on was admirable, and I believe that, for many of them, being able to grapple with Xánath's beautiful text provided some respite from a world that was filled with unprecedented levels of stress and uncertainty.

I offer my deepest appreciation to each of them for their hard work, to Tudor Şerbănescu for his amazing visual translations of these texts, and of course, to the incomparable Xánath Caraza for allowing us to join her on this journey through the darkness and into the light.

—Sandra Kingery

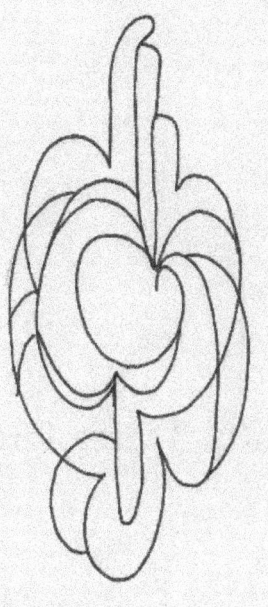

I. Tierra fértil

I. Fertile Land

Sinfonía

La sinfonía de este bosque me envuelve. Sólo **las estrellas** modelan un camino en la oscuridad donde escribo. Algunos grillos **contrapuntean** la música mientras el croar de las ranas rompe el ritmo de **la respiración**.

> Las estrellas
> contrapuntean
> la respiración

Symphony

The symphony of this forest engulfs me. Only **the stars** model a path through the darkness where I am writing. Crickets **counterpoint** music while the croaking of frogs fractures the rhythm of **breathing**.

> The stars
> counterpoint
> breathing

Sonido

Cada follaje es un coro sin igual. **El viento** los penetra, cada gota se distingue, nos dice el grosor, la rugosidad, la textura de **las hojas**. Se genera un canto singular orquestado por el **sonido de la lluvia**.

El viento
las hojas
sonido de la lluvia

Sound

Every branch is an unrivaled chorus. **The wind** pierces them, every waterdrop is distinguishable, it tells us the thickness, the roughness, the texture of **the leaves**. It creates a singular song, scripted by **the sound of the rain**.

The wind
the leaves
the sound of the rain

Cae

La lluvia cae con un sonsonete constante. La niebla se acerca, **nacarada** pesadilla.

>La lluvia cae
>nacarada

It Falls

The rain falls with a tenacious tapping. Fog approaches, a **pearly** nightmare.

>The rain falls
>pearly

En soledad

Lloro en soledad la ausencia, los corazones rotos, **la enorme distancia** y me vuelvo lluvia.

Lloro
la enorme distancia

In Solitude

In solitude, **I cry** the absence, the broken hearts, **the enormous distance**, and I become rain.

I cry
the enormous distance

Mientras escribo

Ópera de aves al **despertar**, anhelado amanecer. Las hojas de los plátanos son una muralla que junto con el naranjo y las buganvilias brillan con el rocío. Una humeante taza de café se ha entregado a mí **mientras escribo**. Recuerdo la última vez que mis ojos se abrieron **ante este paraíso**.

> Despertar
> mientras escribo
> ante este paraíso

As I Write

Awakening to an opera of birds, desired daylight. The leaves of the banana trees are a barrier, shining with dew alongside the orange tree and bougainvilleas. **As I write**, a steaming cup of coffee is placed beside me. I remember the last time my eyes opened **before this paradise**.

> Awakening
> as I write
> before this paradise

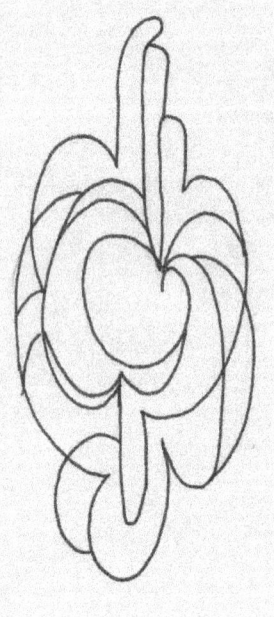

Tierra fértil

Poemarios en la mesa, una pluma y níveo papel me inician hoy. La humedad y las cristalinas gotas ciegan **el corazón** que se regenera en este bosque de niebla. Las células se alimentan **de esta tierra fértil.**

El corazón
de esta tierra fértil

Fertile Land

Collections of poetry upon the table, a pen and snow-white paper begin my day. Humidity and crystalline drops blind my **heart** which is regenerated in this forest of fog. My cells feed off **of this fertile land.**

Heart
of this fertile land

Corazón

Corazón mortalmente **herido**, casi pierdes la batalla y te ahogas en tu propia sangre.

Herido

Heart

Mortally **wounded** heart, you nearly lose the battle, and you drown in your own blood.

Wounded

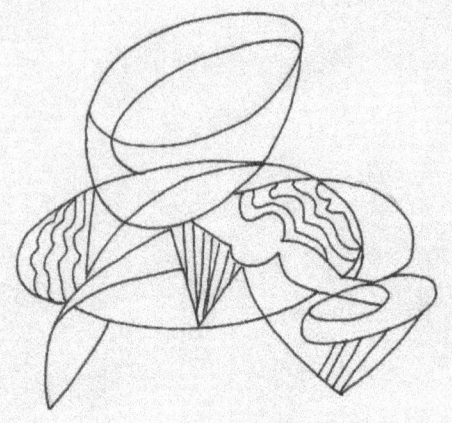

El chinini

Una oropéndola trina en **la copa** del chinini. El humo de pachuli se expande **sobre la mesa**.

                La copa
                sobre la mesa

The Chinini Tree

A golden oriole sings in **the canopy** of the chinini tree. Patchouli smoke expands **above the table.**

                The canopy
                above the table

Respiración

Este espíritu libre quiere andar por el mundo para encontrar lo que rete al alma. Con **pasión** sentir el aire, con amor el viento en la cara. Disfrutar cada instante **sin dolor**. Existir porque la vida es una **efímera respiración**.

Pasión
sin dolor
efímera respiración

Breath

This free spirit wants to wander the world to find that which challenges its soul. To feel the air with **passion**, the wind in its face with love. To enjoy every instant **without pain**. To exist because life is an **ephemeral breath**.

Passion
without pain
ephemeral breath

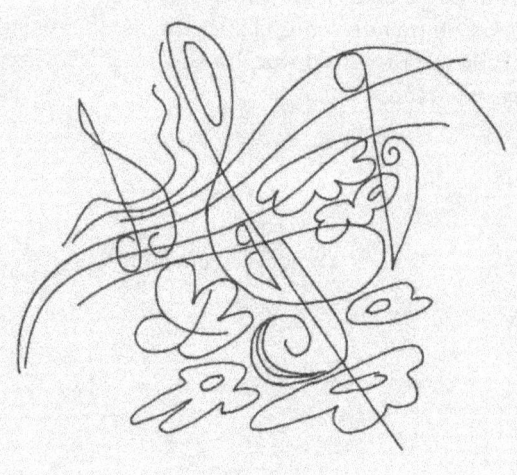

Efímera sílaba

Vida, efímera **sílaba**. Soplo **de acuática melodía**. Jacarandas **en los prados** de niñez. Las flores dejan caer sus cuerpos en el pozo. Aleteos **invernales** en el cielo crepuscular.

Sílaba
de acuática melodía
en los prados
invernales

Ephemeral Syllable

Life, ephemeral **syllable**. A gust **of aquatic melody**. Jacaranda trees **in the fields** of childhood. Its flowers let their bodies fall into the well. Wingbeats **of winter** in the twilight sky.

Syllable
of aquatic melody
in the fields
of winter

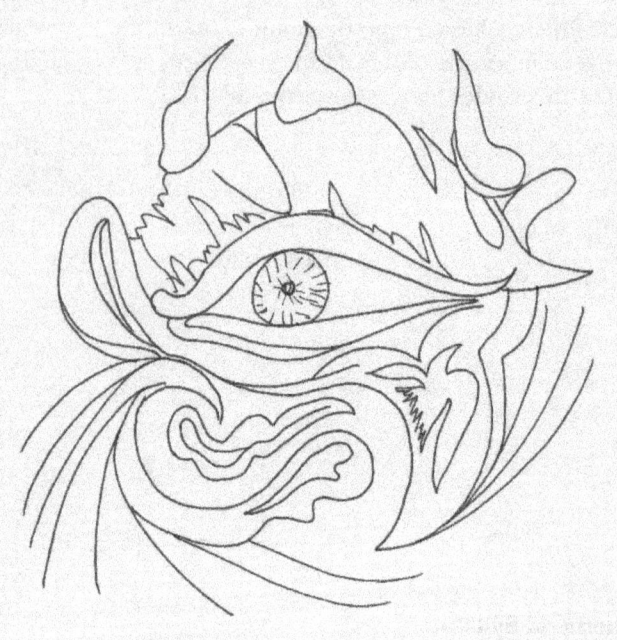

Se extiende en las manos

El agua del amanecer se absorbe: **llena** las células corporales y **refleja** la luz. **La noche** pasa, sueño que abrazo en la claridad. Lleno la mente de luz dorada y sutiles encantos. No hay aves canoras **a mi alrededor**. Siento el frío inundar la mirada, el alba se extiende en las manos.

>   Llena
>   refleja
>   la noche
>   a mi alrededor

It Extends in My Hands

The water of daybreak is absorbed: **it fills** the cells of my body **and reflects** the light, making me live another day. **The night** passes, a tranquil dream I embrace in the early morning sun. I fill my mind with golden light and subtle enchantments. There are no songbirds **around me**. I feel the cold flood my gaze, dawn extends in my hands.

>   It fills
>   and reflects
>   the night
>   around me

Esta mañana

Reprimir las emociones: **morir** en vida. ¿Cómo seguir viviendo en armonía? ¿Dónde están las ganas de vivir? ¿Qué es la felicidad? ¿Salud y tener a alguien **junto a ti**? Esta mañana pido que las puertas se abran.

Morir
junto a ti

This Morning

Repressing emotions: **dying** in life. How do we continue to live in harmony? Where is the will to live? What is happiness? Health and someone **by your side**? This morning I ask that the doors be opened.

Dying
by your side

Palabra que se crea

Qué corto es el camino. La meta se vislumbra, la mente se desdobla para crear **poesía**. La que vibra en el cuerpo como **corriente eléctrica** que llena de alegría la sangre. La que salva de la oscuridad. Palabra que se expulsa **con aliento divino**.

>Poesía
>corriente eléctrica
>con aliento divino

Words that Are Created

How short this path! The goal is within sight; the mind unfolds to create **poetry**, which crackles through the body like **an electric current** that fills the blood with joy. It saves us from the darkness. Words sent forth **with divine breath**.

>Poetry
>an electric current
>with divine breath

Subsuelo

Fui **tinta** que enraizó en las páginas con subsuelo de papel donde **para siempre** se hunde.

Tinta
para siempre

Subsoil

I was **ink** that took root on the pages descending **forever** into a subsoil of paper.

Ink
forever

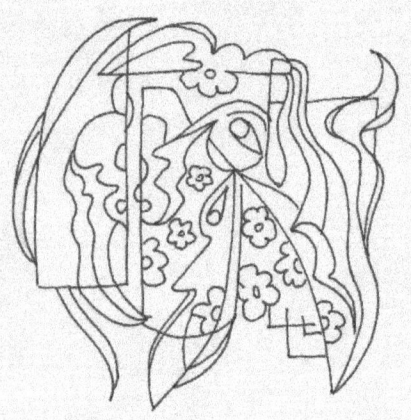

Hortensias

El final está cerca. Una niña canta en la memoria. Baila con los rayos de sol que penetran **la ventana**. Un pozo se llena y se desborda de pensamientos **de tinta azul**: recuerdo de hortensias en el camino a la montaña. Me voy **limpia** con el corazón inundado de flores. No hay colibrí que me despida. **La lluvia** ya cesó.

> La ventana
> de tinta azul
> limpia
> la lluvia

Hydrangeas

The end is near. I remember a young girl singing. She dances with the rays of light that seep through the **windows**. Water rises in the well. It overflows with thoughts **of blue ink**: a memory of hydrangeas on the path toward the mountains. I leave **cleansed**, my heart flooded with flowers. There is no hummingbird to bid me farewell. **The rain** no longer falls.

> Windows
> of blue ink
> cleansed
> the rain

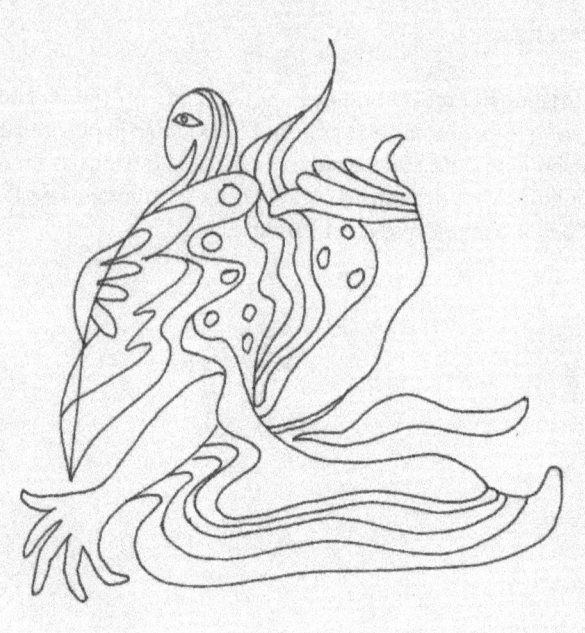

El ojo de agua

El agua del fondo de la tierra ha tocado **la piel**. Hundida en ella este día comienza. El ojo de agua sulfurosa **choca contra el río**. Borbotones de **energía** del centro: agua hirviente, me derrito **en tus brazos**.

> La piel
> choca contra el río
> energía
> en tus brazos

The Natural Spring

Water from the depths of the earth has touched **my skin**. Deep within it, the day begins. The sulfur spring **crashes against the river**. Bubbling **energy** from the center: boiling water, I melt **in your arms**.

> My skin
> crashes against the river
> energy
> in your arms

Los devoran

Los miedos flotan en la superficie. Uno a uno **las aves** de picos largos los devoran. Dejan sutiles rastros en las rocas **a la orilla del río.**

Las aves
a la orilla del río

They Devour Them

Fears float on the surface. One by one **the birds** devour them with their long beaks. They leave subtle prints on the rocks **on the bank of the river.**

The birds
on the bank of the river

II. Las Planicies

II. The Great Plains

Una luz verde

Un viento glaciar invade el corazón. Se expande entre las hojas que forman mi negra **cabellera**. Suena una cristalina melodía en mis oníricos deseos mientras un **nacarado ulular** empuja los pasos. Me pregunto ¿dónde está la felicidad? ¿Enterrada bajo la nieve por las ventiscas nórdicas? Una luz verde **nace en la concavidad del crepúsculo**. El corazón sangra y una exhalación derrite el hielo.

Cabellera
nacarado ulular
nace en la concavidad del crepúsculo

A Green Light

A glacial wind invades my heart. It spreads through the leaves that make up my heavy **black hair**. A crystalline melody resounds within my oneiric desires while **a pearly howl** speeds my steps. I ask myself: where is happiness? Buried beneath the snow by Nordic blizzards? A green light **is born in the concavity of twilight**. My heart bleeds, and a single exhalation melts the ice.

Black hair
a pearly howl
is born in the concavity of twilight

Donde se pinta la noche

Imágenes oníricas de invisibles pasiones ocupan **mis sueños**. Se deslizan **entre capítulos** inconclusos de la mente. **Rápidos movimientos** apenas delineados sobre la tela donde se pinta la noche.

Mis sueños
entre capítulos
rápidos movimientos

Where Night Is Painted

Oneiric images of invisible passions occupy **my dreams.** They slip **between unfinished chapters** of my mind. **Rapid movements** barely outlined upon the canvas where night is painted.

My dreams
between unfinished chapters
rapid movements

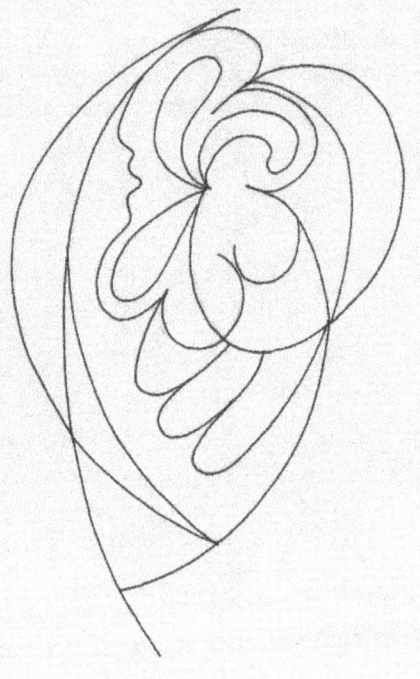

El fondo lunar

Luna roja: eclipse lunar aúllas a la tierra **desamor,** pérdida y una gota de esperanza. Pandora lo sabe. El fondo lunar aún tiene sorpresas. **Una mano se extiende** queriendo alcanzar la tierra. Quiere adentrarse **en el lodo fértil** y dar a luz alegría: flores desbordadas de color, cascadas de luz.

> Desamor
> una mano se extiende
> en el lodo fértil

The Lunar Surface

Red moon: lunar eclipse, you howl **heartbreak** at the earth, and loss, and a hint of hope. Pandora knows it. The lunar surface still holds surprises. **A hand reaches out** wanting to touch the earth. It wants to sink **into the fertile mud** and give birth to joy: flowers overflowing with color, cascades of light.

> Heartbreak
> a hand reaches out
> into the fertile mud

Las rocas cantan

Las rocas cantan con el golpe del **agua**. Brillan al contacto con la pasión líquida. Ahí está otra vez la mano tratando de alcanzar la **tierra**: extendida, suave, con piel de bronce, **aullando**.

        Agua
        tierra
        aullando

The Rocks Sing

The rocks sing with the crashing of the **water**. They shine upon contact with the liquid passion. There once again, the hand—bronze-skinned, smooth, outstretched—trying to touch the **earth: howling.**

        Water
        earth
        howling

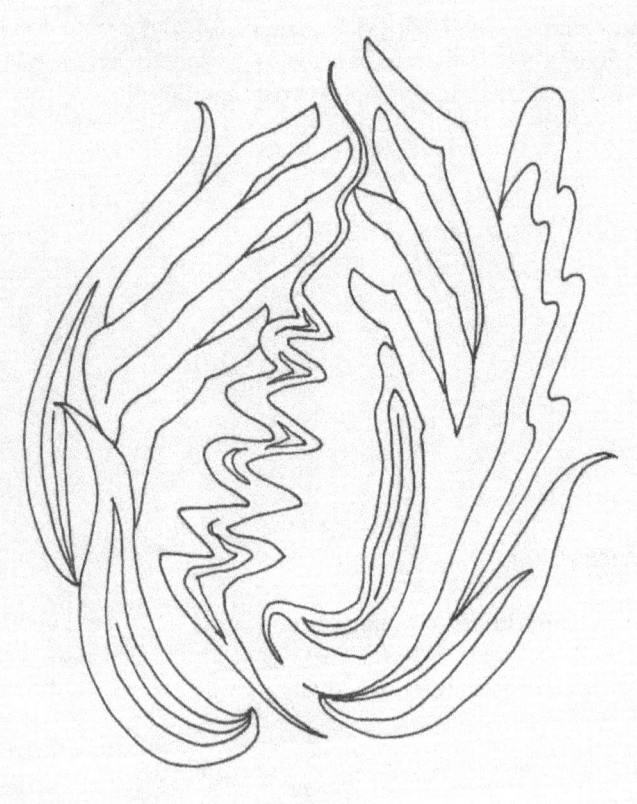

Entre cañaverales

Un camino oscuro conduce mis pasos entre cañaverales. Recojo mis pertenencias y **en los brazos** las llevo hacia la incertidumbre. Con obsidiana en las pupilas me dirijo **al vacío**. Un sendero se abre entre las cañas y camino con inseguridad. El miedo **ulula sus secretos**, no sé qué me espera detrás de la colina. En la distancia un resplandor me sorprende.

Un camino
en los brazos
al vacío
ulula sus secretos

Through Reedbeds

In the darkness, **a path** guides my steps through reedbeds. I gather my belongings and carry them **in my arms** toward uncertainty. A trail opens up among the reeds, and I proceed with caution. Fear **howls its secrets**; I know not what awaits me beyond the hill. With obsidian pupils, I walk **into the void**. In the distance, a brilliant light takes me by surprise.

A path
in my arms
howls its secrets
into the void

Otro lugar

Voces ancestrales acompañan el ejercicio de **las letras** este día cubierto de un manto nacarado. El polvo de agua brilla con los rayos de sol y **un grito primigenio** me envuelve. Un coro **de mujeres** nace de las pulsaciones **de barro**. Hueco ritmo que sigue y hace sentir que perteneces a otro lugar.

Las letras
un grito primigenio
de mujeres
de barro

Another Place

Ancestral voices accompany this exercise with **words** on this day wrapped in a pearly cloak. The mist off the water shines in the light of the sun, and **a primal scream** engulfs me. A chorus **of women** is born out of the pulsations **of mud**. A hollow rhythm that continues and makes you feel like you belong to another place.

Words
a primal scream
of women
of mud

Corazón de jade

Me niego a salir al **infierno blanco**. Paraíso subyugado a la gélida amargura. Las aves han enmudecido y los árboles han doblado sus troncos, se rinden ante la oscuridad. Dentro, con el **corazón de jade** luchamos calladamente para mantener el brillo en nuestros ojos. Poco a poco cobramos fuerza y los corazones recomienzan sus ritmos ávidos de amor, **hambrientos** de caricias y **sedientos** de líquidos de la carne. La pasión sigue viva, latente en el centro de los cuerpos.

Infierno blanco
corazón de jade
hambrientos
sedientos

Hearts of Jade

I refuse to go out into the **white inferno**. Paradise vanquished by frigid bitterness. The birds have gone silent, and the trees have bowed their branches—they surrender before the darkness. Inside, with our **hearts of jade**, we wage a silent battle to maintain the sparkle in our eyes. Little by little, we gather strength, and our hearts—eager for love, **craving** caresses, and **thirsting** for liquids of the flesh—begin their rhythms anew. Passion lives on, latent in the center of our bodies.

White inferno
hearts of jade
craving
thirsting

Entre las sílabas de su nombre

Se llamaba agua y entre las sílabas de su nombre ululaba el viento. **Viento y agua** se escribían en su cuerpo. Tatuándose con el fuego divino. **Royendo la carne.** No se quejaba, su rostro no expresaba dolor, sólo un par de lágrimas escurrían por su pecho mientras la leche llenaba los senos preñados. Explotaban para colmar los ríos que la pudieran guiar a **la libertad.** La noche sin estrellas cortó de tajo la anhelada canción de amor. Sólo aquel que se llamaba **fuego** se atrevió a besar sus senos. Nadie más lo hizo por miedo a su corazón de jade.

Viento y agua
royendo la carne
la libertad
fuego

Between the Syllables of Her Name

She called herself water, and the wind howled between the syllables of her name. **Wind and water** were written on her body. Tattooing themselves with divine flame. **Gnawing the flesh.** She did not object, her face expressed no pain, only a couple of tears that trickled down her chest while milk filled her pregnant breasts. They were bursting to fill rivers that could guide her to **freedom.** The starless night destroyed the song of love for which she yearned. The only one who dared to kiss her breasts called himself **fire.** No one else did so because they feared her heart of jade.

Wind and water
gnawing the flesh
freedom
fire

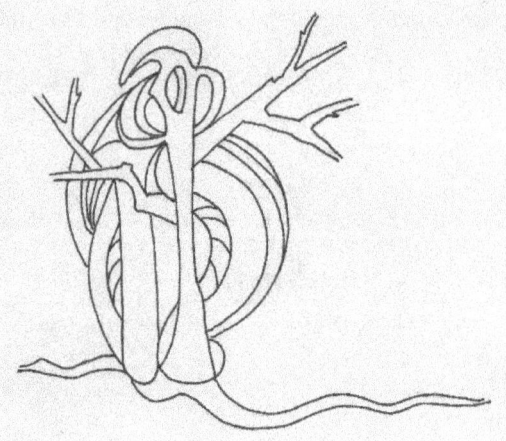

Agítense en su recuerdo

Como hiedra nace sobre **el árbol**. Su crecimiento es canto del bosque. Un crujir en las ramas colma el vientre de deseo. **Espera**. Sigue cuidando **su esencia** para el momento justo. La genealogía se expande y recuerda los ancestrales troncos, las viejas ramas que estuvieron antes que ella. Dioses ceiba, agítense en su recuerdo. **Como serpiente de cascabel** suenen las ramas. Que los labios se humedezcan, la boca muerda la piel y las pupilas se alarguen.

El árbol
espera
su esencia
como serpiente de cascabel

Rustle in Her Memory

Like ivy, she comes to life upon **the tree**. Her growth a song of the forest. A rustling in the branches fills her belly with desire. She **waits**. She continues caring **for her essence** until the perfect moment. Her family tree expands and recalls ancestral tree trunks, the ancient branches that came before her. Gods of the Ceiba trees, rustle in her memory. Let the branches be heard **like a rattlesnake**. Let her lips be moistened, her mouth bite the flesh, and her pupils grow large.

The tree
waits
for her essence
like a rattlesnake

Con la fuerza del viento

Las manos se alargan para crear las más finas **letras**. Calan diseños en el papel. Dibujan los caracteres al primer contacto con las yemas. **De las puntas nace fuego**. Fuego azul que deja el carbón rojo flotando en la mirada. Una extensión **del cuerpo se vuelve poesía**. Emerge del interior con la fuerza del viento.

Letras
de las puntas nace fuego
el cuerpo se vuelve poesía

With the Force of the Wind

Her hands extend to create the finest **letters**. They trace designs on paper, draw characters on first contact with her fingers. **From their tips, fire is born**. Blue flames leaving red coal that floats in the gaze. An extension of **her body becomes poetry**. It emerges from within with the force of the wind.

Letters
from their tips, fire is born
her body becomes poetry

Nocturna soledad

Agua de pensamientos, fluye al ritmo del corazón. No dejes de expresarte en la superficie nacarada. Sobre la superficie el viento ulula la historia **negada**. ¿Dónde están los niños perdidos? Los que ya nadie recuerda. Generación **adolorida**. Olvidados en un sistema que **no abrió sus puertas**. Gimen en silencio abandonados, atrapados mientras la noche se acerca. ¿Dónde está la luz que los colme de calor? ¿Dónde el agua clara que han de beber? Y ¿Las manos maternas? Cortadas en un suspiro. La sangre corre en los sueños **con la nocturna soledad**.

Negada
adolorida
no abrió sus puertas
con la nocturna soledad

Nocturnal Solitude

Water of thoughts, flow to the beat of my heart. Continue to express yourself on the pearly surface. Upon that surface, the wind howls the story that's been **denied**. Where are the lost children? The ones nobody remembers. A generation **in pain**. Forgotten in a system with **doors firmly closed**. They moan in silence, abandoned, entrapped, as night draws near. Where is the light to fill them with warmth? Where the water for them to drink? And where their mother's hands? Ripped away in an instant. Blood flows in their dreams **with nocturnal solitude**.

Denied
in pain
doors firmly closed
with nocturnal solitude

Púrpura

El púrpura me recuerda mis raíces marinas y con parsimonia me adentro en **la historia** de mi sangre. Dos corrientes se unen y sus diferentes densidades se mezclan con el ritmo de la luz. El presente y el pasado unidos y un sonoro recuerdo invade los sentimientos, hace vibrar el centro. Por un instante el amor fractura los miedos, **desnuda el espíritu**. La luz se filtra por las grietas de esa coraza de temores. El líquido púrpura se escurre hasta que una gota alcanza al palpitante corazón. La devora y **una caracola nace** con la luz que emana de las pulsaciones.

La historia
desnuda el espíritu
una caracola nace

Purple

Purple reminds me of my marine roots, and I slowly delve into the **history** of my people. Two currents merge, and their different densities mix with the rhythm of the light. Present and past united, and an evocative memory invades my emotions, making my core vibrate. For an instant, love fractures my fears, it **strips my spirit bare**. Light filters through the cracks on that shield of uncertainties. The purple liquid trickles down until a drop reaches my beating heart, which devours it. **A conch emerges** from the light that radiates out of the pulsations.

History
strips my spirit bare
a conch emerges

Las planicies

La balada del viento ártico se hace presente. Ulula con fuerza su gélido canto en las planicies del medio oeste donde su energía nos golpea y alborota los abrigados sentimientos. Sus notas van acompañadas de voces ancestrales que hacen temblar al cuerpo. Traspasan la piel y se instalan en la sangre. La hacen vibrar con la historia de esta tierra. **Indígena palabra** que se une a las voces polares. El blanco manto musical arrasa con lo que está en su camino. Las ramas de los árboles se cristalizan y se incorporan a la danza del viento. **Danza y melodía** son nuestro frígido destino. Las planicies invocan **las voces divinas**.

> Indígena palabra
> danza y melodía
> las voces divinas

The Great Plains

The ballad of the arctic wind makes its presence known. It howls its frosty song forcefully on the Midwestern plains where its energy strikes us and stirs up our shrouded emotions. Its music is accompanied by ancestral voices that make our bodies tremble. They seep through our skin and settle in our blood, making it vibrate with the history of this land. **Indigenous words** that join polar voices. The musical white cloak demolishes everything in its path. The branches of the trees crystallize and are incorporated into the dance of the wind. **Dance and melody**: this is our frigid destiny. The plains invoke **divine voices**.

> Indigenous words
> dance and melody
> divine voices

Espacios oníricos

Ígneos sueños: llamaradas en los espacios oníricos. Indiferente veo **el pasado**, dormidos sentimientos que entienden **lo imposible**. Con flamígera corriente, los nervios recorren el cuerpo en la noche y los destellos de **lo que pudo haber sido** crean un ritmo doloroso. Al abrir la ventana en la oscuridad, la aurora boreal comienza su danza y susurra otro ritmo que se integra al que miro para entender la muerte.

El pasado
lo imposible
lo que pudo haber sido

Oneiric Spaces

Igneous dreams: sudden blazes in oneiric spaces. Indifferent, I see **the past**, dormant emotions that understand **the impossible**. With flaming fluidity, nerves traverse my body at night, and the glimpse of **what could have been** creates a painful rhythm. When I open the window in the darkness, the aurora borealis begins its dance and murmurs another rhythm that harmonizes with the one I watch to understand death.

The past
the impossible
what could have been

Se entretejen con la piel

Giran los deseos alrededor de los árboles secos. Se enredan entre las ramas desnudas. Ululan como el viento para renacer con la aurora. Nocturnos **deseos**, son los dioses los que los han alejado de los corazones. Frías miradas, **hambrientas manos** que quieren alcanzar ese viento desbocado. Una ráfaga cargada de amor alcanza los dedos, al contacto, crea flamígeros pensamientos que derriten los miedos, que **derriten la sangre** y se entretejen con la piel.

Deseos
hambrientas manos
derriten la sangre

They Intertwine with Our Skin

Desires revolve around dry trees. They wrap themselves around bare branches. They howl like the wind to be reborn with the dawn. Nocturnal **desires**, it is the gods who have driven them from our hearts. Cold gazes, **hungry hands** that want to reach the unbridled wind. One gust, laden with love, reaches our fingertips. Upon contact, it creates flaming thoughts that melt our fears, that **melt our blood**. They intertwine with our skin.

Desires
hungry hands
melt our blood

Sin aves

El agua **acompaña** mi onírico sendero. Pequeñas olas se arremolinan con el pensamiento y las raíces de los árboles viejos se funden. Una poza con paredes de roca, labrada por el agua de **los siglos,** encapsula añil líquido. Gira sin formar espuma, sólo capas de diferentes tonos que indican **la profundidad** perpetua. Onírico final sin aves en el cielo del Mediterráneo.

Acompaña
los siglos
la profundidad

Without Birds

The water spins without creating foam, only layers of different colors that indicate perpetual **profundity**. It **accompanies** my oneiric path. Small waves swirl with thought, and the roots of the ancient trees merge. A pond with walls of rock, carved by water over **the centuries,** encapsulates liquid indigo. An oneiric ending without birds in the Mediterranean sky.

Profundity
accompanies
the centuries

Los pájaros sin pies

Como el sol de un bocado mientras **los pájaros** piden ayuda. Se derrite en la boca al tiempo que las aves **vuelan** alborotadas y se hace la oscuridad. A los árboles desnudos se les cristalizan las ramas donde se posan los azulejos. Se fracturan en mil pedazos al contacto con sus pies. Otra vez vuelan **atormentados** buscando la luna, último recurso de luz, pero tampoco hay luna que refleje los rayos del sol. Los pájaros sin pies vuelan agobiados, **exasperados** mientras el sol se desliza por la garganta.

Los pájaros
vuelan
atormentados
exasperados

The Birds without Feet

I swallow the sun in a single bite while the **birds** call out for help. It melts in my mouth as the birds **flit about**, agitated, and night falls. Indigo buntings perch on bare tree branches that crystallize and shatter into a thousand pieces on contact with their feet. **Tormented** once again they fly, seeking the moon, the last source of light, but there is no moon to reflect the rays of the sun. The birds without feet fly—overwhelmed, **exasperated**—while the sun slides down my throat.

Birds
flit about
tormented
exasperated

En la faz de la luna

Crecen para convertirse en dragones. Un dragón azul **en el desierto** define la vida naciente en la roca erosionada por los siglos. **La mente viaja** al pasado y remueve los dolores enterrados. **Arena** que cubre las imperfecciones: los **cráteres** de la luna. ¿Quiénes somos? Sino seres que viven con intensidad **que dejan sangre en las letras escritas**. Los eternos sentimientos despuntan en los dedos de los pies en la tierra sin tiempo junto al primer dragón azul en la faz de la luna.

En el desierto
la mente viaja
arena
cráteres
que dejan sangre
en las letras escritas

On the Face of the Moon

They grow to become dragons. A blue dragon **in the desert** defines life born on the rock eroded by the centuries. **My mind travels** to the past and stirs up buried sorrow. **Sand** that covers imperfections: the **craters** of the moon. Who are we? Nothing but beings who live with intensity, **leaving blood on the written word**. Eternal emotions are revealed on toes in the land without time alongside the first blue dragon on the face of the moon.

In the desert
my mind travels
sand
craters
leaving blood
on the written word

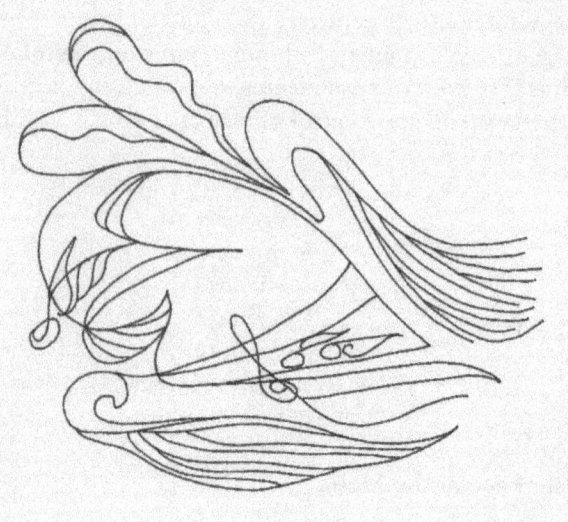

El vaivén del agua

Suavemente recorro las planicies cubiertas de nieve **desde lo alto**. El gélido viento me hace abrir los brazos, tiemblo, llega la libertad. **La música** de viento se hace ritmo cadencioso, el corazón **se hincha** para latir con rapidez. Lo que aún no sé es que pronto acabará mi vuelo para caer en el fondo del mar y ahí dejar la sangre mezclarse con el agua salada. La luz del fondo del mar será mi último recuerdo. **Quedaré fría** como un pez muerto **con opacas escamas** y con el vaivén del agua entre las branquias.

Desde lo alto
la música
se hincha
quedaré fría
con opacas escamas

The Movement of Water

Gently I cross the snow-covered plains **from above**. The frigid wind makes me open my arms, I shiver, freedom arrives. **The music** of the wind becomes cadenced rhythm, my heart **swells** to beat more quickly. What I still don't know is that soon my flight will come to an end, and I will fall to the depths of the sea where my blood will mix with salt water. The light from the depths of the sea will be my last memory. **I will be cold** like a dead fish **with opaque scales** and with the movement of water through my gills.

From above
the music
swells
I will be cold
with opaque scales

Al otro lado de la ventana

El agua, nada más que el agua causa el ruido al otro lado de la ventana. Lluvia congelada que cubre los cristales. Que hiela la respiración. Sonido hueco en los techos **de la memoria**. No es niebla verde sino gélida brisa. La luz precede al sonoro trueno. Todo se congela con la vibración. El aliento se vuelve recuerdo, el frío crece, **la noche tiembla** con los sentimientos cautivos en la última llama del corazón. **Todo se inunda** y la atmósfera se llena de helada lluvia que cristaliza las ramas secas al otro lado de la ventana.

De la memoria
la noche tiembla
todo se inunda

On the Other Side of the Window

Water, nothing but water creates the sound on the other side of the window. Icy rain that runs down the glass. That freezes my breath. A hollow sound on the rooftops **in my memory**. It is not green fog but an arctic breeze. Light precedes the roar of thunder. Everything freezes with the vibration. Breath becomes memory, cold grows, **the night trembles** with the emotions captured in the final flame of my heart. **Everything floods**, and the atmosphere fills with frosty rain that crystallizes the dry branches on the other side of the window.

In my memory
the night trembles
everything floods

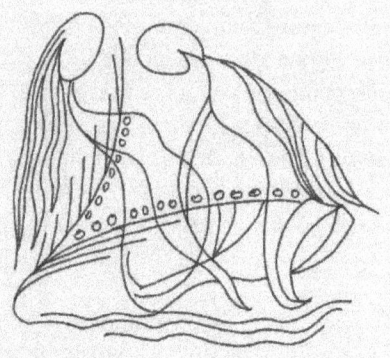

Cálida luz en las gotas

Hay gotas de alegría en este gran caos. Mundo de cabeza que **todo se traga.** Las pequeñas dosis de lo más valioso nos rescatan. Nos asimos **para no ahogarnos** en este mar furioso de confusión. Las letras vibran con la aurora. Renacimiento: cálida luz en las gotas. **La confusión se disipa.**

> Todo se traga
> para no ahogarnos
> la confusión
> se disipa

Warm Light on the Drops

There are drops of pleasure amidst this great chaos. A world inverted, **swallowing everything.** Small doses of the most valuable things rescue us. We hold fast **so we don't drown** in this raging sea of confusion. Words vibrate with the dawn. Rebirth: warm light on the drops. **Confusion dissipates.**

> Swallowing everything
> so we don't drown
> confusion
> dissipates

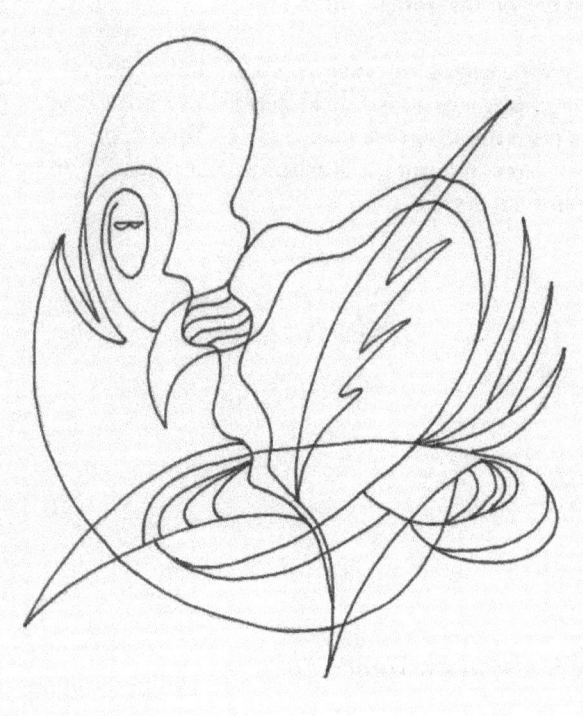

Tornado de recuerdos

La poesía en el libro hace que destaque de entre los demás. Manto blanco que se enreda en los caracteres. Poéticos **pensamientos**, frígidos y afectuosos, **ensortijados** y lineares, redondos y en zig-zag. La mente gira hasta crear un **tornado de recuerdos**. Las imágenes del caos encuentran su lugar. Suena el reloj, marca la hora de partir. Los recuerdos se vuelven **traslúcidos con la luz** que ilumina la mesa donde todo se escribe.

> Pensamientos
> ensortijados
> tornado de recuerdos
> traslúcidos con la luz

Tornado of Memories

The poetry in the book makes it stand out from the rest. White cloak that becomes entangled with the characters. Poetic **thoughts**, frigid and affectionate, **twisted** and linear, circular and jagged. My mind spins, creating a **tornado of memories**. The images of chaos find their place. The clock strikes, marking the time of departure. Memories become **translucent with the light** that illuminates the table where everything is written.

> Thoughts
> twisted
> tornado of memories
> translucent with the light

La pluma

Girando en el tintero **la pluma** se empapa de deseos. Los **proyecta en la superficie** blanca. Son absorbidos para crear raíces en esta nueva tierra. Microcosmos de sabiduría, de poesía en **movimiento**. Los rizomas de tinta se entierran en las capas internas del papel. Subsuelo creado por esta mano que **escribe**, que **baila** en la superficie nacarada.

La pluma
proyecta en la superficie
movimiento
escribe
baila

The Quill

The quill, turning in the inkwell, is drenched with desires that it **projects on the white surface**. They are absorbed to create roots in this new land. Microcosms of wisdom, of poetry in **motion**. The ink rhizomes are buried in the inner layers of the paper. Subsoil created by this hand as **it writes**, as **it dances** on the pearly surface.

The quill
projects on the white surface
motion
it writes
it dances

La nieve de las praderas

La lluvia calma la mañana. Hay gotas de vida en este paisaje helado. La nieve de las praderas desemboca en **sílabas lacustres**. Suenan los recuerdos, mañana gris, **entre la niebla**.

> Sílabas lacustres
> entre la niebla

Snow on the Prairie

The rain calms the morning. There are drops of life on this frozen landscape. The snow on the prairie flows into **lacustrine syllables**. Memories resound, gray morning, **amidst the fog**.

> Lacustrine syllables
> amidst the fog

Un plumaje azul

Un sonido continuo hace temblar la tierra. La estremece, la intensidad **aumenta**. El sol **nace** y con éste los temblores cesan. **Un plumaje azul** llena el cóncavo espacio.

> Un sonido
> aumenta
> nace
> un plumaje azul

Blue Plumage

A sound, continuous, makes the earth tremble. It shakes it; intensity **grows**. **Blue plumage** fills the concave space. The sun **is born**, and with it, the tremors cease.

> A sound
> grows
> blue plumage
> is born

La luna de invierno

La luna de invierno irradia **hechizos helados**. Está viva y con sus palpitaciones nos hace desear su reflejo. Espejo de la noche: hielo en la superficie que se rompe un **conjuro de mil palabras**.

> Hechizos helados
> conjuro de mil palabras

The Winter Moon

The winter moon radiates **icy enchantments**. It is alive, and with its palpitations, it makes us crave its reflection. Mirror of the night: ice on the surface that breaks an **incantation of a thousand words**.

> Icy enchantments
> incantation of a thousand words

Las flores en el agua

Como racimos de lunas van flotando a la deriva **las flores en el agua** cristalina. Con el vaivén de las minúsculas olas llegan hasta donde los olvidados moran. **El silencio se rompe** con la cascada florida que se lamenta por todo lo perdido.

Las flores en el agua
el silencio se rompe

Flowers in the Water

Like clusters of moons, the **flowers in the crystalline water** float adrift. They are brought to the dwellings of the forgotten ones by insignificant waves that sway back and forth. **Silence is broken** with the flowery cascade that mourns for all that is lost.

Flowers in the crystalline water
silence is broken

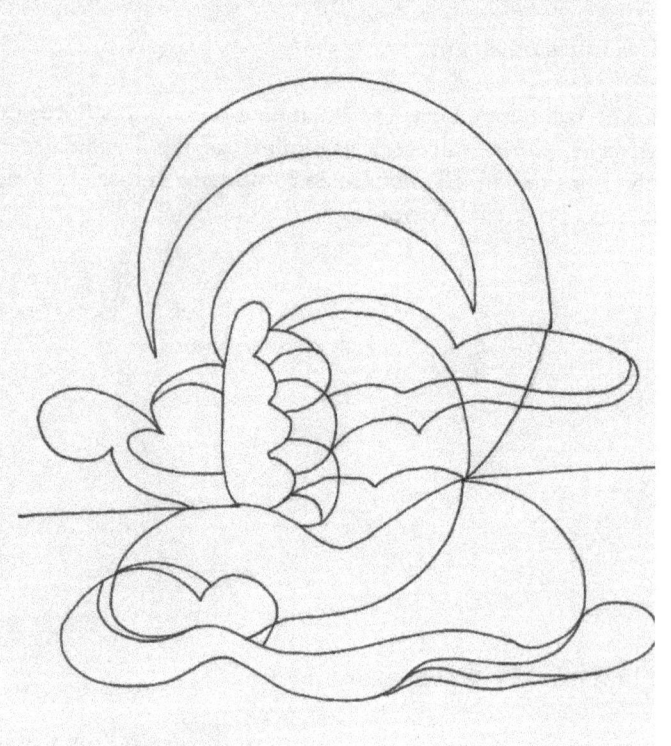

Incrustada en el cielo

Desde el horizonte **el sol** penetra las pupilas, llenándolas de deseos, piedra preciosa incrustada en el cielo. El canto de las aves adorna los rayos y el alma **se expande con** las nubes cargadas de **delirio**. Una tormenta doblega las ramas secas.

El sol
se expande
con delirio

Embedded in the Sky

From the horizon, **the sun** seeps into my pupils, filling them with desires, precious gemstone embedded in the sky. The song of the birds adorns the rays of sunshine, and my soul **expands with** clouds laden with **delirium**. A storm vanquishes the dry branches.

The sun
expands
with delirium

Las flamígeras nubes

Imagina los sonidos de la naturaleza: hay aves que trinan a las **flamígeras** nubes del nuevo día mientras una parvada de gansos vuela al norte. Las **golondrinas** están ausentes, falta su chillido y el aleteo alocado en la concavidad turquesa para completar **esta mañana**. El pájaro carpintero, concentrado en su arduo amanecer, llena de ritmo las ramas huecas. Otros trinares se mezclan con el aire matutino y una procesión de pájaros inunda el cielo.

Flamígeras
golondrinas
esta mañana

Fiery Clouds

Imagine the sounds of nature: birds chirp at the **fiery** clouds of the new day as a flock of geese flies north. The **barn swallows** are absent, **this morning** incomplete without their high-pitched cries and wild wingbeats in the turquoise concavity. The woodpecker, absorbed by its arduous endeavors, fills the hollow branches with rhythm. Additional chirping sounds mix with the morning air, and a procession of birds floods the sky.

Fiery
barn swallows
this morning

Luz artificial

Me acechan **las imágenes** de un onírico jaguar. **Se disparan** como película en blanco y negro. Camina, ruge en silencio y hace temblar mi alma. Ya no es miedo lo que proyecto sólo un manso recuerdo torturado **por un haz de luz artificial.**

> Las imágenes
> se disparan
> por un haz de luz artificial

Artificial Light

I am stalked by **the images** of an oneiric jaguar. They **are shot** like black and white film. The jaguar paces: it roars in silence and makes my soul tremble. It is no longer fear that I project, only a tame memory that is tortured **by a beam of artificial light.**

> The images
> are shot
> by a beam of artificial light

III. Puntuación aleatoria

III. Random Punctuation

Se derraman en las miradas

Siguen destilando azul los racimos de flores que se derraman en **las miradas**. Buscan luz, la presencia divina, para domar la soledad. **Crecen sin restricciones** hasta llenar las calles de minúsculas corolas que ahoguen la tristeza.

Las miradas
crecen sin restricciones

Scattered in Our Gazes

The clusters of flowers that scattered in **our gazes** continue to radiate blue. They seek light, the divine presence, to tame solitude. They **grow without restraint** until the streets are filled with miniscule corollas that drown our sorrow.

Our gazes
grow without restraint

Defienden sus raíces

El viento aúlla. Una densidad gris cruje en **la concavidad celeste**. En diagonal las aves descienden contracorriente hasta penetrar el manto lacustre. Una parvada blanca choca contra las olas y el fragor del río **gime** la frialdad matutina. Las danzas aéreas, luminosas, defienden sus raíces que se vuelven una **con el agua**.

> La concavidad celeste
> gime
> con el agua

They Defend Their Roots

The wind wails. Grey density crackles in **the celestial concavity**. Birds cut diagonally across the current until piercing the lacustrine cloak. A flock of white birds crashes against the waves, and the roar of the river **moans** the morning chill. Aerial dances, luminous, defend their roots that become one **with the water**.

> The celestial concavity
> moans
> with the water

Plácida corriente

Aurora boreal, inunda este cielo amplio. Una corriente esmeralda se extiende en las venas de la tierra. Estoy embarcada en **la esperanza** con la frente en alto y la luna de plata, **mi fiel compañera**, en lo celeste.

La esperanza
mi fiel compañera

Placid Current

Aurora borealis, flood this spacious sky. An emerald current flows through the veins of the earth. I am embarked upon **hope** with my head held high alongside the silver moon, **my faithful companion**, in the heavens.

Hope
my faithful companion

Por el tiempo

El barro de las columnas de la vida se desmorona. Se arrugan **las estrías** ya adoloridas por el tiempo. Los colores **se diluyen**, las aguas **siguen su camino**. Apacible superficie cristalina engañas a las ingenuas gaviotas.

>Las estrías
>se diluyen
>siguen su camino

From the Passage of Time

The mud of the columns of life collapses. **The grooves** on the columns, already in pain from the passage of time, grow furrows. Their colors **fade,** the waters **continue their path**. Smooth crystalline surface, you deceive unsuspecting seagulls.

>The grooves
>fade
>continue their path

Al otro lado del río

El río calma los demonios. Su corriente hace fluir **la ilusión**. Contracorriente van las aves blancas creando **sombras lacustres** y ocasionales trinos de dolor. La superficie se cubre de círculos, signo del esperado alimento. **Líneas doradas** al otro lado del río.

La ilusión
sombras lacustres
líneas doradas

On the Other Side of the River

The river calms the demons. Its current makes **illusions** flow. White birds oppose the current, creating **lacustrine shadows** and occasional chirps of pain. The surface is covered in circles, a sign of the long-awaited meal. **Golden lines** on the other side of the river.

Illusions
lacustrine shadows
golden lines

Ganarle a la oscuridad

Un resplandor dorado quiere ganarle a la oscuridad. **Un ruido sordo** se impone por un momento, agita a la sociedad. Sólo queda un tono celeste que **contrasta con** los acantilados de bronce. **La luz** sigue su lucha para reclamar su lugar.

>Un ruido sordo
>contrasta
>con la luz

Defeating the Darkness

A flash of golden light wants to defeat the darkness. **A deep rumble** imposes itself for a moment, shaking society. All that is left is a celestial tone that **contrasts with** bronze cliffs. **The light** continues its battle to reclaim its place.

>A deep rumble
>contrasts
>with the light

En el jardín

Estoy en **el jardín** donde una y mil veces has caminado. Buscas mariposas y **eternidad,** silente poeta. Tus **luminosas palabras** para el mundo **desde tu hogar.**

(Amherst, MA en la Casa Museo de Emily Dickinson el 27 de marzo de 2019)

El jardín
eternidad
luminosas palabras
desde tu hogar

In the Garden

I am in **the garden** where you walked a thousand and one times. You search for butterflies and **eternity,** silent poet. Your vital, **luminous words** for the world **from your home.**

(Amherst, MA, in the Emily Dickinson House Museum, March 27th, 2019)

The garden
eternity
luminous words
from your home

Los arces

Como animales salvajes en **las montañas** verdes los arces **conversan esta mañana.** En el bosque nevado corren **secretos** que sólo ellos podrán entender. Su savia fluye y ellos sollozan al perder su translúcida sangre **para la humanidad.**

Las montañas
conversan esta mañana
secretos
para la humanidad

The Maple Trees

Like wild animals in **green mountains**, the maple trees **converse this morning.** **Secrets** that only they can understand slip through the snow-covered forest. Their sap flows, and they weep as their translucent blood is drained **for humanity.**

Green mountains
converse this morning
secrets
for humanity

Agua de árbol

He bebido **la sangre de la tierra**. Agua de árbol del norte. Sentirla saciar mi sed es como haber encontrado un nuevo amante. **Fluye en mí**, préñame.

> La sangre de la tierra
> fluye en mí

Water from the Tree

I have drunk the **blood of the earth**. Water from the tree of the north. Feeling it quench my thirst is like finding a new lover. **Flow within me**, impregnate me.

> Blood of the earth
> flow within me

La hora azul

Los troncos de **los arces** interrumpen el nocturno fondo aterciopelado del bosque. Son cuerpos **blancos** que alcanzan la eternidad lunar. La hora azul se ha ido. El hilo añil que aún vibra en la mirada es remplazado por **un nuevo amanecer**.

Los arces
blancos
un nuevo amanecer

The Blue Hour

Their **white** bodies reach lunar eternity. The trunks of the **maple trees** interrupt the nocturnal velvety depths of the forest. The blue hour has passed. The indigo thread that still vibrates in my gaze is replaced by **a new dawn**.

White
maple trees
a new dawn

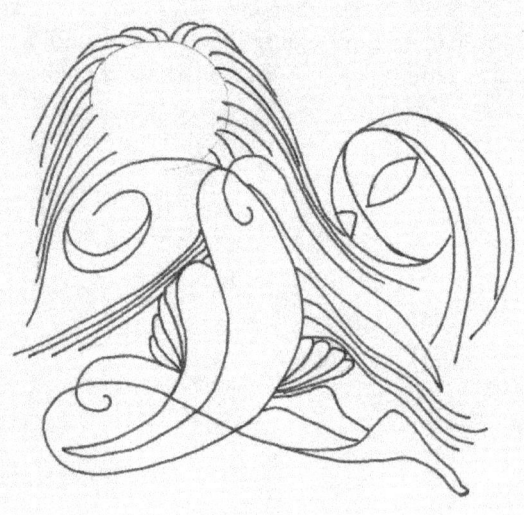

Ventanas de felicidad

Un libro terminado, la noticia de un viaje, alguien que recuerda mis versos. **El sol brilla** y los animales salvajes celebran **conmigo**. Desnudos nos asoleamos.

El sol brilla
conmigo

Windows of Joy

A finished book, the news of a journey, someone who remembers my verses. **The sun shines**, and wild animals celebrate **with me**. We bask naked in the sunshine.

The sun shines
with me

La hora áurea

A la hora áurea **los cantos** de las aves saturan el alma. Los rayos ámbares **atraviesan** el taciturno corazón. Llenan **la mirada**, reemplazan la soledad, desbordan las páginas. Un viento ligero sacude la piel y agita los níveos pétalos. **La luz infiltra** las líneas que escribo y, como lumbre, satura **los arbustos secos**. Cuatro aves rojas descansan en el cerezo. Sus flores ofrecen la primavera.

> Los cantos
> atraviesan
> la mirada
> la luz infiltra
> los arbustos secos

The Golden Hour

During the golden hour, the **songs** of the birds saturate my soul. Amber rays **pierce** my brooding heart. They fill **my gaze**, replace loneliness, overflow the pages. A light breeze shakes my skin and rustles snow-white petals. **Light seeps into** the lines I write and, like fire, saturates **the dry shrubs**. Four red birds rest in the cherry tree. Its flowers promise spring.

> Songs
> pierce
> my gaze
> light seeps into
> the dry shrubs

Los árboles hablan

Pienso en verde y se expande a las ramas **juveniles**. Un haz en el cielo se llena de albas florecillas y los **árboles** hablan para mí sus secretos. **Amores** prohibidos se escucha vibrar en el aire. Soy maestra de la soledad **en este atardecer en llamas**.

>Juveniles
>árboles
>amores
>en este atardecer en llamas

The Trees Speak

I think of green as it expands to **youthful** branches. A beam of light in the sky is filled with small white flowers, and the **trees** speak their secrets to me. Forbidden **love** is heard vibrating in the air. I am a master of solitude **in this afternoon set ablaze**.

>Youthful
>trees
>love
>in this afternoon set ablaze

Desde lo alto

Crujió **mi nombre** desde lo alto. Retoño de primavera que el viento **hace bailar**. Canta con voz de trueno **un poema de amor** imposible.

> Mi nombre
> hace bailar
> un poema de amor

From Above

My name echoed down from above. Sprout of spring that the wind **makes dance**. With a thundering voice, it sings **a poem of love** that can never be.

> My name
> makes dance
> a poem of love

La primavera

El recuerdo recorre **las sillas** de hierro. El traspatio sigue vacío. En los retoños cubiertos de escarcha blanca las aves **trinan gélidos cantos**. ¿Es que acaso llegará la primavera **a mi corazón**?

> Las sillas
> trinan gélidos cantos
> a mi corazón

Spring

Memory traverses the **chairs** forged in iron. The backyard remains empty. On sprouts covered by white frost, birds **chirp icy songs**. Could it be that spring will find its way **to my heart**?

> Chairs
> chirp icy songs
> to my heart

Frontera

La humedad se carga de jazmines y el azogado cielo lleva **la lluvia** en la piel. Frontera de una temporada más. Bailan como encaje las frágiles corolas perfumadas **ante la vista**, la diminuta lluvia se vuelve niebla: la tormenta **se aleja.**

                        La lluvia
                        ante la vista
                          se aleja

Frontier

The humidity is heavy with jasmines, and the silver-colored sky carries **the rain** on its skin. Frontier of another season. Fragile, fragrant corollas dance like lace **before my eyes,** fine rain turns to fog: the storm is **dispelled.**

                        The rain
                      before my eyes
                        is dispelled

Puntuación aleatoria

Las gaviotas son la puntuación en **esta conversación** celeste. Determinan el ritmo de nuestro lenguaje líquido. Caprichoso vuelo, puntuación aleatoria. Splash, splash splash **grita** el agua al estrellarse en las rocas **y el sol titila**, como múltiples espejos, una nueva melodía.

>Esta conversación
>grita
>y el sol titila

Random Punctuation

Seagulls are the punctuation in **this celestial conversation.** They determine the rhythm of our liquid language. Whimsical flight, random punctuation. Splash, splash, splash, **shouts** the water as it crashes onto the rocks, **and the sun shimmers**, like multiple mirrors, a new melody.

>This celestial conversation
>shouts
>and the sun shimmers

Refugios luminosos

Las intermitencias luminosas se combinan con **las olas** que se forman. El oeste dice adiós al día: algunos refugios luminosos **hieren la superficie**. Una melodía acuática titila haces que **desgarran las nubes**. Un tren también se despide mientras el corazón se deshace en el agua.

Las olas
hieren la superficie
desgarran las nubes

Luminous Shelters

Luminous flashes coalesce with the **waves** that are forming. The west bids farewell to the day: several luminous shelters **wound the surface**. An aquatic melody shimmers beams of light that **tear apart the clouds**. A train departs while my heart dissolves in the water.

Waves
wound the surface
tear apart the clouds

De invierno a primavera

La tinta no deja de impregnar la página. El espacio se reduce para encerrar **los versos** escritos. Fluye **contracorriente** la obsidiana líquida. El oeste controla la mano que lleva a los ancestros en las huellas dactilares. **Poesía lacustre**, de invierno a primavera, rasga las páginas. Brota del subsuelo de este libro que de la oscuridad nace.

>Los versos
>contracorriente
>poesía lacustre

From Winter to Spring

Ink continues to permeate the page. Space is reduced to enclose the written **verses.** Liquid obsidian flows **against the current.** The west controls the hand that carries our ancestors on its fingertips. **Lacustrine poetry,** from winter to spring, rend the pages. Sprout from the subsoil of this book that is born of the darkness.

>Verses
>against the current
>lacustrine poetry

Xánath Caraza es viajera, educadora, poeta, narradora y traductora. Escribe para *La Bloga, Smithsonian Latino Center, Revista Literaria Monolito* y *Seattle Escribe*. En 2020 *Balamkú* recibió segundo lugar para el Juan Felipe Herrera Best Poetry Book Award. En 2019 recibió Segundo lugar por su poemario *Hudson* como "Mejor libro de poesía en español" y Segundo lugar por su colección de relatos, *Metztli*, como "Mejor colección de cuento" para los International Latino Book Awards. En 2018 fue doblemente galardonada por los International Latino Book Awards, recibió primer lugar por *Lágrima roja* y *Sin preámbulos/Without Preamble* como "Mejor libro de poesía en español" y "Mejor libro de poesía bilingüe". *Sílabas de viento* recibió el 2015 International Book Award for Poetry. Fue *Writer-in-Residence* de Westchester Community College, Nueva York, 2016-2019. En 2014 recibió la Beca Nebrija para Creadores del Instituto Franklin, Universidad de Alcalá de Henares en España. En 2013 fue nombrada número uno de los diez mejores autores latinos para leer por LatinoStories.com. Sus poemarios *Donde la luz es violeta, Tinta negra / Black Ink, Ocelocíhuatl, Conjuro* y su colección de relato *Lo que trae la marea* han recibido reconocimientos nacionales e internacionales. Sus otros poemarios son *Corta la piel, Balamkú, Fără preambul,* Μαύρη μελάνη, *Le sillabe del vento, Noche de colibríes* y *Corazón pintado*. Ha sido traducida al inglés, italiano, rumano y griego; ha sido parcialmente traducida al náhuatl, portugués, hindi y turco.

Xánath Caraza is a traveler, educator, poet, short story writer, and translator. She writes for *La Bloga*, *The Smithsonian Latino Center*, *Revista Literaria Monolito*, and *Seattle Escribe*. In 2020 *Balamkú* received second place for the Juan Felipe Herrera Best Book of Poetry Award. In 2019 for the International Latino Book Awards she received Second Place for *Hudson* for "Best Book of Poetry in Spanish" and Second Place for *Metztli* for Best Short Story Collection. In 2018 for the International Latino Book Awards she received First Place for *Lágrima* roja for "Best Book of Poetry in Spanish by One Author" and First Place for *Sin preámbulos / Without Preamble* for "Best Book of Bilingual Poetry". Her book of poetry *Syllables of Wind / Sílabas de viento* received the 2015 International Book Award for Poetry. She was Writer-in-Residence at Westchester Community College, NY, 2016-2019. Caraza was the recipient of the 2014 Beca Nebrija para Creadores, Universidad de Alcalá de Henares in Spain. She was named number one of the 2013 Top Ten Latino Authors by LatinoStories.com. Her books of verse *Where the Light is Violet*, *Black Ink*, *Ocelocíhuatl*, *Conjuro* and her book of short fiction *What the Tide Brings* have won national and international recognition. Her other books of poetry are *It Pierces the Skin*, *Balamkú*, *Fără preambul*, *Μαύρη μελάνη*, *Le sillabe del vento*, *Noche de colibríes*, and *Corazón pintado*. Caraza has been translated into English, Italian, Romanian, and Greek; and partially translated into Nahuatl, Portuguese, Hindi, and Turkish.

EDITORIAL
Pandora Lobo Estepario Productions™
Miguel López Lemus, editor
http://www.loboestepario.com/press
Chicago/Oaxaca

www.ingramcontent.com/pod-product-compliance
Lightning Source LLC
Chambersburg PA
CBHW051759040426
42446CB00007B/443